글 김점선

멍 때리기, 벼락치기, 이야기 들어 주기를 잘해요. 길을 걷다가 글 씨앗이 생각나면 좋아서 폴짝폴짝 뛰어요. 부산일보 신춘문예로 등단했고, 웅진주니어문학상 단편동화 부문에서 우수상도 받았어요. 지은 책으로 《거꾸로 교실》, 《스파이더맨 지퍼》, 《솜사탕 결사대》, 《이상하게 매력있닭!》, 《재까닥 캠프》, 《말주머니》(공저), 《아이들과 함께하는 신나는 책쓰기 수업》(공저) 등이 있어요.

그림 한수언

패션 디자이너로 일하다가 그림을 그리는 일러스트레이터가 되었고, 어린이책을 비롯한 다수의 매체에 그림을 그렸습니다. 옷을 만들고 그림을 그리는 것처럼, 상상하고 만드는 것을 좋아합니다. 지금은 다채로운 세계 속에서 저마다 즐겁게 살아가는 이들의 이야기를 쓰고 있습니다. 동화 《남달리와 조잘조잘 목도리》, 《고양이 자꾸》, 청소년 소설집 《고사리의 생존법》이 있습니다.

24절기가 과학적일 수밖에 없는 12가지 이유

김점선 글 · 한수언 그림

1판 1쇄 2022년 3월 10일
1판 4쇄 2025년 4월 10일

펴낸이 모계영 **펴낸곳** 가치창조

출판등록 제406-2012-000041호
주소 경기도 고양시 일산동구 중앙로 1347 쌍용플래티넘오피스텔 228호
전화 070-7733-3227 **팩스** 031-916-2375 **이메일** shwimbook@hanmail.net
ISBN 978-89-6301-266-7 73440

ⓒ 김점선, 한수언 2022

- 이 책의 저작권은 저자와 가치창조 출판그룹에 있습니다.
- 저작권법에 따라 무단전재 및 복제를 금합니다.

가치창조 공식 블로그 http://blog.naver.com/gachi2012
단비어린이는 가치창조 출판그룹의 어린이책 전문 브랜드입니다.

제조자명: 가치창조 제조국명: 대한민국 사용연령: 7세 이상
KC마크는 이 제품이 공통안전기준에 적합하였음을 의미합니다.

작가의 말

방학이 되면 시골 외할머니 집에 놀러 갔었어요. 외할머니 집은 시외버스에서 내려서 한참 걸어가야 했어요. 외할머니는 아궁이에 불을 지펴 밥을 짓고 저는 불쏘시개로 그림을 그리고 놀았어요. 외할머니가 볶아 놓은 콩, 옥수수를 먹으면서요. 뜨끈한 아랫목에 차가워진 발을 넣으면 온몸이 노곤해지는 흙집이었어요. 깜깜한 밤이 되면 흙냄새와 외할머니 냄새가 섞인 황토방에서 숨을 깊게 들이 마시고는 했어요. 참 좋은 냄새였거든요.

《24절기가 과학적일 수밖에 없는 12가지 이유》를 쓰면서 외할머니 생각이 많이 났어요. 외할머니는 고추부터 콩, 보리, 쌀, 수박, 토마토까지 흙에서 나는 농작물은 다 키우셨어요. 외할머니 방에는 숫자가 크게 인쇄된 커다란 달력이 걸려 있었어요. 외할머니는 지난달의 달력을 버리지 않고 모아 놓고는 저와 함께 숫자도 세어 보고 글자도 읽어 봤어요.

"작은 숫자는 왜 있어요? 하지가 뭐예요? 입추는 뭐예요?"
외할머니에게 물어보고는 했지요. 외할머니가 해 주시던 처서의 모기 이야기, 소한이와 대한이 이야기가 참 재미있었답니다.
외할머니는 절기에 맞춰 곡식의 씨를 뿌리고 거두고 제철 음식을 해 먹고 더위와 추위를 대비했어요. 24절기에는 우리 조상들의 삶의 지혜가 담겨 있어요. 오늘날에도 절기는 계절의 변화를 알 수 있는 이정표가 되지요. 오랜만에 외할머니와 24절기 여행을 떠날 수 있어서 참 행복했답니다. 여러분도 24절기 여행 같이 떠나 보실래요?

경칩을 기다리며,
외할머니가 보고 싶은

김점선

24절기가 과학적일 수밖에 없는 12가지 이유

1. 과학적인 날짜 계산법이야

2. 지구에서 태양이 지나가는 길을 관찰했어

3. 태양이 지나가는 길을 24등분했어

4. 계절의 변화를 알 수 있어

5. 낮과 밤의 길이를 알 수 있어

6. 24절기 이름에는 기후의 변화가 담겨 있어

7. 우리 조상들이 사용했던 농사 달력이야

8. 절기마다 먹는 음식이 있어

9. 절기마다 즐기는 놀이가 있어

10. 절기에 관련된 속담이 있어

11. 우리 문화와 풍습이 담겨 있어

12. 절기는 옛날과 오늘날의 연결고리야

- 할머니, 모기장 쳐요.
- 이제 처서라서 괜찮아.
- 왜요? 처서가 모기를 다 잡아먹어요? 처서가 누군데요?
- 처서는 절기를 말하는 거야. 모기도 처서가 지나면 입이 삐뚤어진다는 말도 못 들어 봤어!
- 입이 삐뚤어져도 말은 바로 하란 말은 들어 봤어요.
- 허허, 우리 손주 24절기 공부부터 해야겠네. 24절기가 그냥 만들어진 게 아니란다.

할머니는 윤서를 데리고 창고로 갔어.
그 안에서 빗자루 하나를 꺼냈지.
그건 할머니의 할머니의 할머니가 남겨 준 빗자루였어.
먼지를 툭툭 털고 할머니가 먼저 빗자루에 올라탔지.
윤서도 안전모를 쓰고 할머니 뒤에 올라탔어.

1. 과학적인 날짜 계산법이야

옛날에 날짜를 헤아리거나 기상 변화를 알아채기 위해서
가장 쉬운 방법은 달의 모양을 관찰하는 것이었어.
달의 주기를 기준으로 음력을 정했어. 달은 일정하게 모양이 변했거든.
달의 모양은 달이 보이지 않다가 초승달, 상현달, 보름달, 하현달,
그믐달로 변하는 주기적인 현상을 보였지.
그런데 달의 주기는 29일하고 12시간이 걸려서 날짜가 정확하지 않았어.
1년은 365일인데, 29일과 30일을 번갈아 사용하면 11일의 차이가 생겨서
계절을 예측하거나 농사를 짓는 데 큰 문제였지.
이러한 음력의 약점을 보완하기 위해 사람들은 태양의 움직임도 관찰하기 시작했어.

2. 지구에서 태양이 지나가는 길을 관찰했어

사람들은 오랜 기간 하늘을 올려다보고 태양의 위치를 관찰했어.
그 결과 하늘에서 태양이 일정하게 지나가는 길이 있다는 것을 알게 되었지.
그 길을 황도라고 해.

3. 태양이 지나가는 길을 24등분했어

24절기는 황도에서 춘분점을 기점으로 15도씩 옮겨 갈 때마다 점을 찍어 스물네 개의 이름을 붙인 거야. 24절기의 이름은 중국 주나라 때 화북 지방의 기상 상태에 맞춰 붙인 이름이야. 절기의 이름에는 황하 유역의 기상과 동식물의 변화가 나타나 있어.

- 황도 한 바퀴를 원으로 그리면 360도잖아.
- 15도 간격으로 나누면 360÷15=24, 24절기가 되는 거고요.
- 역시 내 손주가 맞구만.

4. 계절의 변화를 알 수 있어

24절기는 계절을 구분하기 위해 만들었어. 태양의 위치를 표시해 주는 절기를 통해 계절의 변화를 알았지.
한 해를 봄, 여름, 가을, 겨울로 나누고 계절마다 절기를 나누었어.
계절의 변화를 알기 위해서는 어려운 음력 대신 양력을 이용한 24절기가 더 유용했단다.

아침 바람이 차네. 지금이 가을인가??

언제가 여름이고 가을인지 알 수가 있나?

5. 낮과 밤의 길이를 알 수 있어

하루 중 해가 정남쪽 즉, 머리 위에 위치해 있을 때를 남중고도라고 해.

태양의 고도가 하루 중 가장 높을 때지.

한 해 중 낮이 가장 길고 밤이 가장 짧은 하지 때는 태양의 남중고도가 가장 높아.

한 해 중 낮이 가장 짧고 밤이 가장 긴 동지 때는 태양의 남중고도가 가장 낮아.

춘분과 추분은 하지와 동지 사이야. 춘분과 추분은 낮과 밤의 길이가 같아.

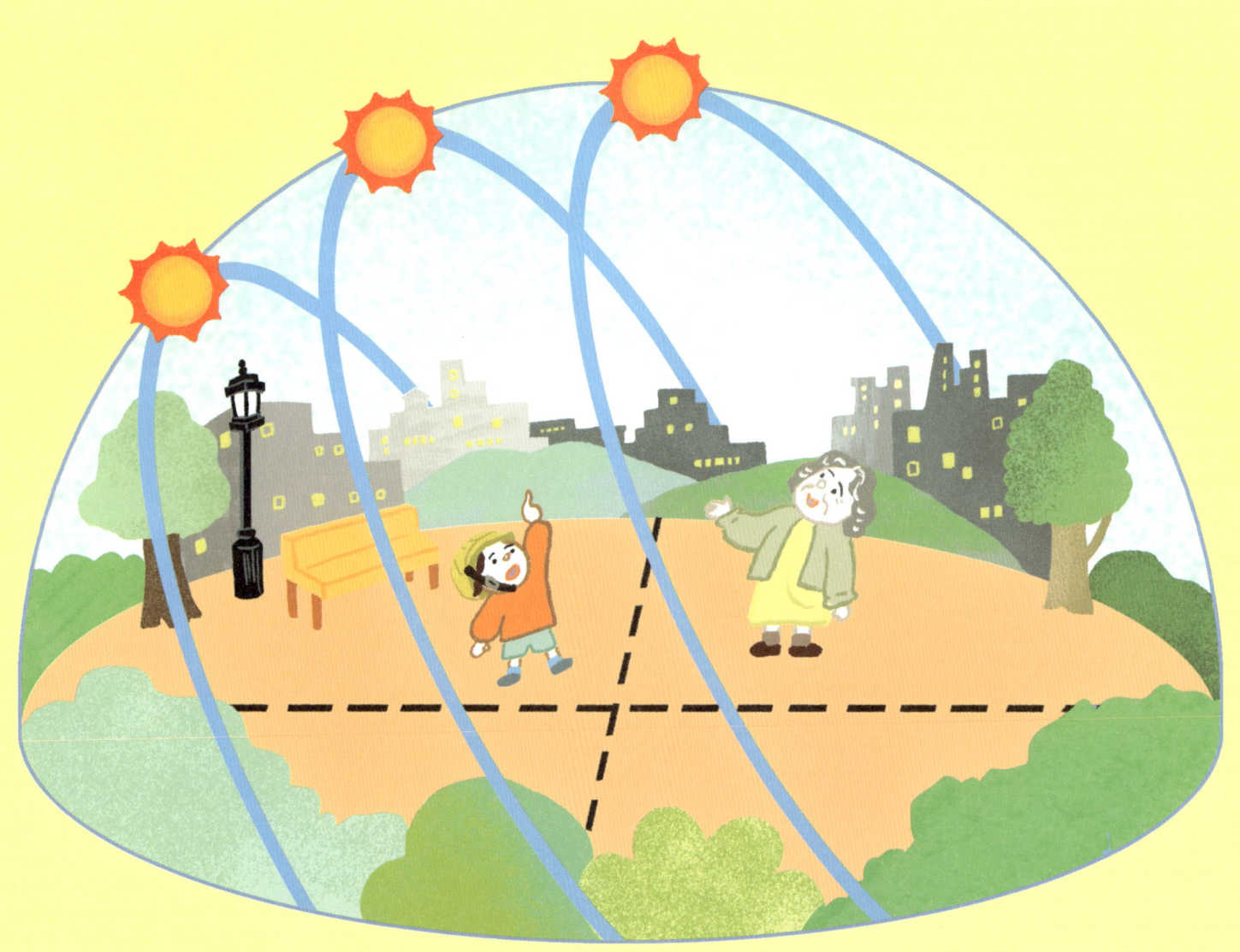

- 이제 5시인데, 밖이 깜깜해졌어요.
- 동지 때는 밤이 길어서 그렇단다. 어서 가자.
- 낮이 짧아지니까 놀 시간이 줄어들어서 슬퍼요.
- 춘분과 추분 때는 낮과 밤의 길이가 같단다.
- 조상들은 낮이 가장 긴 날과 가장 짧은 날을 미리 알고 대비했겠네요.
- 빗자루를 꽉 잡아라. 매서운 바람이 부는구나.

6. 24절기 이름에는 기후의 변화가 담겨 있어

더워졌다 추워지고, 따뜻했다 서늘해지기를 반복하는
기후의 변화에는 일정한 법칙이 있었어.
절기의 이름만 봐도 기후의 변화와 날씨를 예상할 수 있지.
우수, 곡우, 소설, 대설은 강수 현상을 뜻해. 백로, 한로, 상강은 응결과 관련이 있지.
더위와 추위의 변화를 나타내는 절기는 소서, 대서, 처서, 소한, 대한이야.

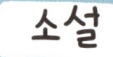
소설

곡우

대설

 우수(2월 19일경)는 봄비가 내리고 얼음이 녹는 날,
곡우(4월 20일경)는 촉촉하게 봄비가 내리는 날,
소설(11월 22일경)은 많은 양은 아니지만 눈이 내리는 날로 살얼음이 얼기 시작하는 날,
대설(12월 7일경)은 많은 눈이 내리는 날이야.

송알송알 싸리잎에 은구슬
조롱조롱 거미줄에 옥구슬

 대롱대롱 풀잎마다 이슬이 맺히는 날이 백로란다.
백로(9월 8일경)는 일교차가 커지면서 이슬이 맺히는 날이야.
한로(10월 8일경)는 찬 이슬이 맺히는 날,
상강(10월 23일경)은 서리가 내리는 날이지.

 소서, 대서, 소한, 대한은 저도 알아요.
작을 소(小)! 큰 대(大)!
소서(7월 7일경)는 작은 더위, **대서**(7월 23일경)는 큰 더위.
소한(1월 5일경)은 작은 추위, **대한**(1월 20일경)은 큰 추위.

7. 24절기는 우리 조상들이 사용했던 농사 달력이야

예로부터 우리나라는 농업을 주업으로 하는 농경사회였어.
농사를 짓기 위해서는 씨를 뿌리고 추수하기 좋은 날을 알아야 했지.
선조들은 24절기에 맞춰 농사 계획을 세우고 준비했어.
절기는 밭을 갈고 씨를 뿌리고 농작물을 가꾸고 수확을 할 때를 알려 줬거든.

입춘(2월 4일경)
보리 뿌리를 뽑아 한 해 농사 점치기를 했는데, 보리 뿌리가 세 가닥이면 풍년, 두 가닥이면 평년, 한 가닥이면 흉년이었대.

우수(2월 19일경)
논과 밭에 불을 놓아서 해충의 알을 죽였어.

춘분(3월 21일경)
농사의 시작을 알리는 날이야. 애벌 갈이, 화초의 씨앗 준비하기, 모종 싹 틔우기

청명(4월 5일경)
씨앗 뿌리기와 봄 밭갈이를 했어. 가래질, 논둑 다지기, 논갈이, 못자리 만들기

곡우(4월 20일경)
농사비가 내리는 시기야. 못자리에 쓸 벼 모판에 옮기기

입하(5월 5일경)
잡초 뽑고 해충 없애기

소만(5월 21일경)
모내기 준비, 김매기 등이 줄을 이어 제일 바쁜 계절이었지.

망종(6월 6일경)
보리 베기, 모내기

하지(6월 21일경)
장마 시작

소서(7월 7일경)
풀 뽑고 거름 주기

입추(8월 7일경)
참깨와 옥수수 수확하기

추분(9월 23일경)
가을걷이 시작.
호박이나 깻잎, 고구마순 등의 맛있는 나물 말리기

한로(10월 8일경)
오곡백과 수확하기, 타작하기

상강(10월 23일경)
보리 심기, 농사 마무리

입동부터 대한
농사 쉬기, 볏짚 이용해 가마니 짜기

소설(11월 22일경)
벼 곳간에 쌓고 무말랭이나 호박오가리, 곶감 만들기

8. 절기마다 먹는 음식이 있어

각 절기마다 제철에 나는 재료로 음식을 만들어 먹었어. 제철 음식은 우리 조상들의 입맛과 건강을 관리했지.
또 절기에 먹는 음식에는 귀신을 쫓는 등의 의미를 담고 있었어.

입춘에는 달래, 냉이, 씀바귀로 생채 요리를 즐겨 먹었어. 가늘고 어린 싹을 먹으면 보약을 먹는 것과 같다고 했어.

우수에는 찹쌀, 보리, 조, 수수, 콩으로 만든 오곡밥을 먹었어.

경칩에는 개구리 알이나 도룡뇽 알을 떠서 먹으면 허리 아픈 데도 좋고 몸을 보호할 수 있다고 했어.

춘분에는 나이떡과 볶음콩을 먹었어. **청명**에는 진달래꽃을 따서 화전을 해 먹었어.

곡우에는 조기를 구워 먹거나, 녹차를 수확해 마셨어.

소만에는 죽순이나 냉이를 나물이나 국으로 만들어 먹었어.

망종에는 풋보리로 죽을 해 먹어 여름에 보리밥을 먹어도 탈이 나지 않기를 바랐어.

하지에는 감자를 수확해서 먹었어. '하지감자'라고 가장 맛있는 감자를 먹을 수 있었지.

대서에는 장마가 끝나고 가장 더운 시기로, 수박과 참외를 많이 먹었어.

처서에는 가을 보양식 추어탕을 먹었어.
백로의 제철 과일은 포도였어. '처서 복숭아', '백로 포도'라는 말이 있었지.
한로와 **상강** 무렵에는 기운을 북돋울 수 있는 추어탕을 즐겨 먹었어. 추어는 가을 고기라는 뜻이야.
입동에는 김장을 했어. 이때 담근 김장이 제일 맛이 좋다고 해.

동지에는 팥죽을 먹었어. 귀신이 빨간색을 싫어한다며 팥죽을 먹고 대문이나 벽에 뿌리기도 했어.
그게 잡귀를 몰아내는 효과가 있다고 믿었지.
동지는 작은 설이라고도 해서 동지 팥죽을 먹어야 진짜 나이를 한 살 더 먹는다는 말이 있었어.

 우리가 지금도 먹는 음식이 많지?
이렇게 절기마다 조상들이 음식을 만들어 먹던
풍속은 오늘날에도 이어지고 있단다.
 으아, 개구리 알은 절대 안 먹을래요.

9. 절기마다 즐기는 놀이가 있어

전래되어 오는 놀이에는 풍속과 생활 모습이 반영되어 있어.
아이들과 어른들의 놀이는 풍년을 기원하고 귀신을 물리치고 복을 부르는 의미가 있었어.

우수에는 쥐불놀이, 토정비결 보기,
널뛰기, 윷놀이, 연날리기를 했어.

입하에는 등 띄우기,
줄불놀이를 했어.

망종과 하지에는
그네뛰기, 씨름,
봉숭아 물들이기를 했어.

백로와 추분에는
거북놀이, 소먹이놀이,
강강술래를 했지.
동지 지나고 새 잡기를 했어.

"옛날에는 자연에서 나오는
돌, 나무, 꽃 등을 가지고 놀이를 했단다.
투호놀이, 비석치기, 제기차기, 자치기,
팽이치기, 썰매타기, 윷놀이,
화전놀이, 연등놀이, 고싸움, 씨름,
그네타기, 도깨비놀이,
연날리기, 다리헤기, 독장수놀이,
눈싸움, 그림자놀이, 쥐불놀이!
아이고 숨차다.
재미있는 놀이가 많았지."

"할머니, 저도 해 보고 싶어요. 같이 해요."
"연 만들어서 연날리기할까?"

10. 절기에 관련된 속담이 있어

절기에는 조상들의 지혜가 담겨 있는 속담이 있어.
'대한이 소한 집에 놀러 갔다가 얼어 죽었다'는 말이 있지.
대한이 더 큰 추위지만, 체감상으로 소한이 더 춥다는 말이지.
속담을 풀이해 보면 절기에 대해 더 잘 알 수 있어.

가게 기둥에 입춘이라.

보잘것없는 가게에 입춘대길을 써 붙인다는 뜻으로 격에 맞지 않는 상태를 말해.

우수 뒤에 얼음 같다.

얼음이 빠르게 녹아 없어진다는 말이야.

입춘 거꾸로 붙였나.

포근했던 날씨가 다시 추워진다는 말이야.

경칩에 대동강 물이 풀린다.

아무리 추운 날씨도 봄이 되면 포근해진다는 말이야.

곡우에 가물면 땅이 석 자가 마른다.

곡우에 비가 안 오면 농사를 망치게 된대.
반대로 곡우에 비가 오면 풍년이 든다고 했어.

발등에 오줌 싼다.

망종 때 보리 농사가 많았던 남쪽 농촌에서
전해 내려오는 말로 너무 바쁘다는 뜻이야.

입추에는 벼 자라는 소리에 개가 짖는다.

벼가 한창 자라는 때라는 말이야.

처서에 비 오면 흉년 든다.

벼꽃이 필 무렵이라 비가 오면
수정이 안 돼 수확량이 떨어진다는 말이야.

칠월 백로에 패지 않은 벼는 못 먹어도,
팔월 백로에 패지 않는 벼는 먹는다.

백로가 음력 7월에 들면 추수 때까지 벼가 여물 시간이 부족해 먹지 못하고, 음력 8월에 들면 추수 때까지 여유가 있어 벼가 잘 여문다는 뜻이야.

처서가 지나면 모기도 입이 비뚤어진다.

처서 무렵에는 날씨가 추워져서 모기가 사라진다는 말이야.

동지섣달 해는 노루 꼬리만 하다.

동지섣달 해는 노루 꼬리처럼 짧다는 뜻이야. 동지는 일 년 중 낮이 가장 짧아.

정성이 지극하면 동지섣달에도 꽃이 핀다.

'지성이면 감천이다'라는 말과 같은 뜻이지.

동지 때 개딸기

추운 동지에 개딸기가 없다는 말로
얻을 수 없는 것을 말해.

· 춥지 않은 소한 없고 포근하지 않은 대한 없다.
· 대한이 소한 집에 놀러 갔다가 얼어 죽는다.

소한이 춥다는 말이야.

 "추위는 내가 최고지. 소한이 집에 가서 놀려 줘야지."
대한이가 말했어.

 "대한아 왔어?"
소한이가 한달음에 달려 나갔어.

 "앗, 너무 추워. 소한아, 나 감기 걸릴 것 같아."
대한이는 온몸을 부르르 떨고는 후다닥 도망갔어.

  우리가 쿵짝이 잘 맞는구나. 속담도 잘 알고.
이제 절기 전문가가 다 되었어, 내 손주.

11. 우리 문화와 풍속이 담겨 있어

오랜 세월 동안 매년 되풀이되는 행사나 관습을 세시풍속이라고 하지.

24절기마다 행했던 세시풍속을 살펴보면 우리 조상들의 생활모습을 엿볼 수 있어.

옛날에는 농사와 관련된 세시풍속이 많았어.

오늘날까지 전해 내려오는 세시풍속도 있지만,

과학의 발달과 농업의 감소 등으로 많이 바뀌었어.

봄이 시작되는 입춘에는 '입춘대길'을 써서 대문 기둥이나 대들보, 천장에 붙였어.

입춘 날에 오곡의 씨앗을 볶다가 먼저 솥 밖으로 튀어나오는 곡식을 풍작이라고 여겼어.

경칩 날에는 흙일을 하면 좋다고 해서 벽에 흙을 바르거나 담을 쌓기도 했어. 흙벽을 바르면 빈대가 없어진대.

곡우는 농사비가 내리는 날이야. 온갖 곡식이 윤택해지지. 못자리에 볍씨를 소중히 여겨서,
안 좋은 일을 당하거나 본 사람은 집 안에 못 들어오게 하고 불을 놓아 나쁜 귀신을 몰아내기도 했대.
하지에는 낮이 가장 길어. 모내기를 끝내고 기우제를 지냈어.

추분에 부는 바람과 날씨로 이듬해 농사가 풍년인지 흉년인지 점쳤어.
비가 내리면 풍년이고, 날이 개면 흉년이라고 생각했지.

백로는 하얀 이슬이란 뜻으로, 밤공기가 차가워져 이슬이 맺히는 때라는 의미야.
이때는 고된 여름 농사를 끝내고 잠시 쉬는 때라 부인들이 친정에 가족을 만나러 갔대.

12. 절기는 옛날과 오늘날의 연결고리야

절기는 중국 화북 지방의 기상 상태를 기준으로 만들었다고 해.

우리나라의 계절 변화, 기후를 제대로 나타내지 못할 때가 있었어.

그래서 우리 조상들은 우리나라 기후에는 소한이 대한보다 춥다는 것을 알고 속담을 만들기도 하고,

농사 방법과 시기를 조정하기도 했어. 세종대왕 때는 《칠정산》이라는 우리나라의 역법서를 만들었지.

조선 헌종 때 정학유가 지은 장편 가사 《농가월령가》도 있어.

농촌 생활의 1년을 월별로 나누어 농법, 농가행사, 농가풍속 등을 노래했어.

우리 조상들의 삶의 지혜가 담겨 있는 24절기는 오늘날까지 전해지며 우리에게 많은 이야기를 들려준단다.

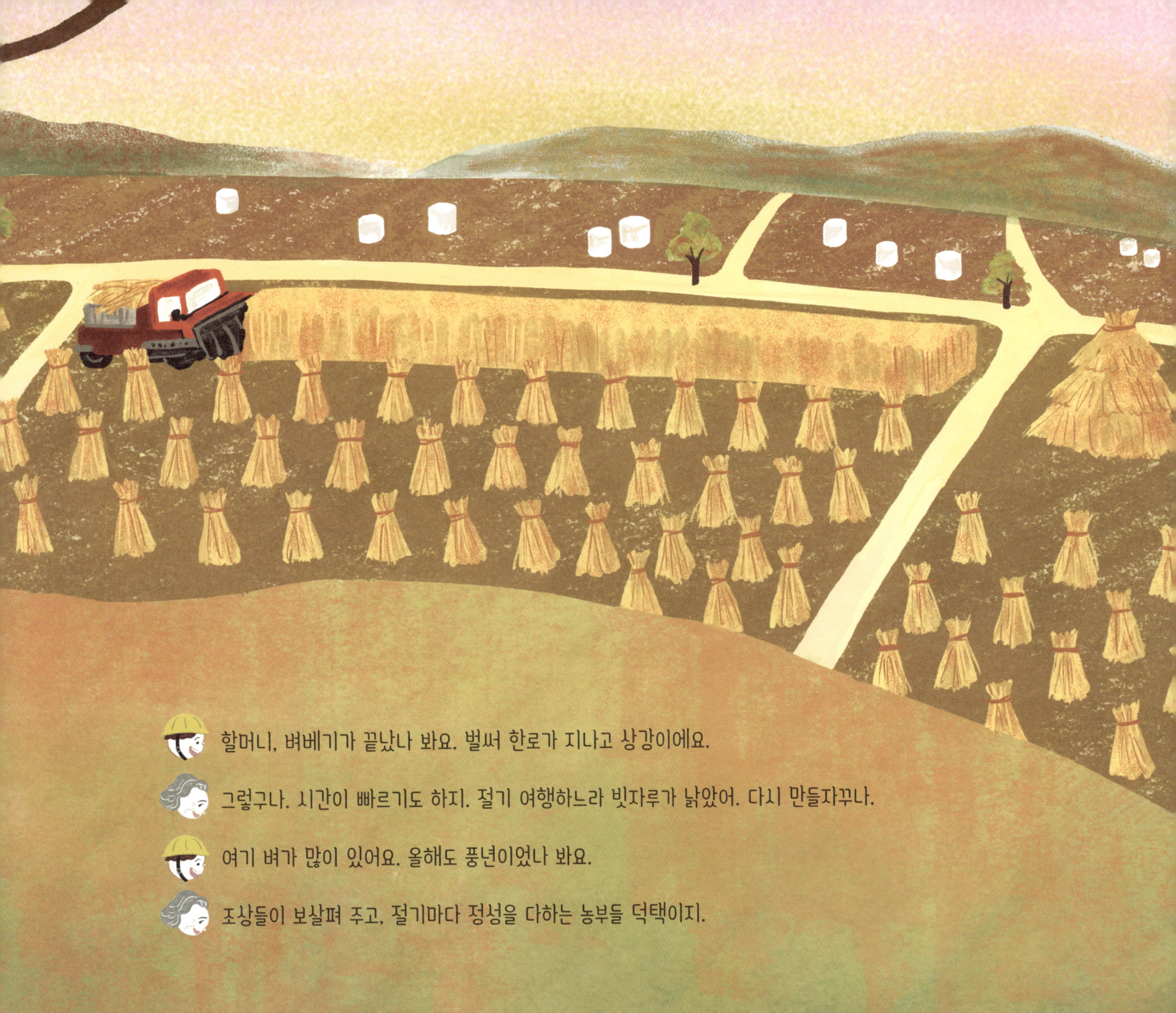

- 할머니, 벼베기가 끝났나 봐요. 벌써 한로가 지나고 상강이에요.
- 그렇구나. 시간이 빠르기도 하지. 절기 여행하느라 빗자루가 낡았어. 다시 만들자꾸나.
- 여기 벼가 많이 있어요. 올해도 풍년이었나 봐요.
- 조상들이 보살펴 주고, 절기마다 정성을 다하는 농부들 덕택이지.

24절기에 알맞은 답을 연결해 보세요

흙일을 하면 좋다고 해서 벽에 흙을 바르거나 담을 쌓기도 했어. 흙벽을 바르면 빈대가 없어진대.

황도에서 춘분점을 기점으로 15도씩 옮겨 갈 때마다 점을 찍어 이름을 붙였지.

세종은 1442년에 우리 실정에 맞는 역법서를 편찬했어. 내편과 외편으로 구성되어 날짜, 24절기, 일출, 일몰 시간을 나타냈지. 우리 과학기술로 만든 역법으로 농경사회에 매우 중요한 의미를 가져.

여름의 시작

24절기

입하

칠정산

정성이 지극하면 동지섣달에도 꽃이 핀다.

감자를 수확해서 먹었어. '하지감자'라고 가장 맛있는 감자를 먹을 수 있었지.

조선 헌종 때 정학유가 지은 가사로 당시 농가에서 일 년 동안 해야 할 일을 달별로 기록해 두었지. 농가에서 행해진 행사와 세시풍속, 당시의 생활을 엿볼 수 있어.

작은 설이라고도 해서 팥죽을 먹어야 진짜 나이를 한 살 더 먹는다는 말이 있었어.

지성이면 감천이다.

오~ 하기만 꽤 어려울게다!

경칩 | 동지 | 하지 | 농가월령가

봄

입춘(立春, 2월 4일경): 봄의 시작
우수(雨水, 2월 19일경): 눈이 녹아 비가 됨
경칩(驚蟄, 3월 5일경): 개구리가 잠에서 깸
춘분(春分, 3월 21일경): 낮이 길어지기 시작
청명(淸明, 4월 5일경): 하늘이 맑아짐
곡우(穀雨, 4월 20일경): 농사비가 내림

여름

입하(立夏, 5월 5일경): 여름의 시작
소만(小滿, 5월 21일경): 만물이 가득 참
망종(芒種, 6월 6일경): 씨뿌리기
하지(夏至, 6월 21일경): 낮이 가장 긴 시기
소서(小暑, 7월 7일경): 본격적인 무더위의 시작
대서(大暑, 7월 23일경): 몹시 심한 더위

가을

입추(立秋, 8월 7일경): 가을의 시작
처서(處暑, 8월 23일경): 더위가 없어짐
백로(白露, 9월 8일경): 흰 이슬
추분(秋分, 9월 23일경): 밤이 길어지는 시기
한로(寒露, 10월 8일경): 찬 이슬
상강(霜降, 10월 23일경): 서리가 내림

겨울

입동(立冬, 11월 7일경): 겨울의 시작
소설(小雪, 11월 22일경): 첫눈이 내리는 시기
대설(大雪, 12월 7일경): 큰 눈이 내리는 때
동지(冬至, 12월 22일경): 밤이 연중 가장 긴 때
소한(小寒, 1월 5일경): 작은 추위
대한(大寒, 1월 20일경): 큰 추위

24절기와 명절은 달라. 절기는 양력,
우리나라 명절은 음력 날짜를 기준으로 정했지.
4대 명절에는 설, 한식, 단오, 추석이 있어.
우리나라는 예로부터 홀수가 겹치는 날을
양기가 왕성한 날이라고 해 길일로 여겼는데,
삼짇날, 단오, 칠석, 중양절 등은 그런 의미가 담긴 세시명절이지.

설이나 추석은 매번 날짜가 바뀌는데,
절기는 날짜가 바뀌지 않는 거군요.

그렇지. 명절은 음력이고
절기는 양력이니 그렇단다.

- 설날(음력 1월 1일) 새해를 시작하는 명절로 차례를 지내고 어른들께 세배를 하면서 복을 빌어요. 떡국을 먹고 윷놀이, 널뛰기 등을 해요.

- 정월 대보름(음력 1월 15일) 오곡밥과 나물, 부럼을 먹어요.

- 삼짇날(음력 3월 3일) 강남 갔던 제비가 돌아오는 날로 화전과 개떡을 먹어요.

- 한식(양력 4월 5일경) 동지에서 105일째 되는 날로, 불을 피우지 않고 찬 음식을 먹어요.

- 단오(음력 5월 5일) 모내기를 끝내고 풍년을 기원하면서 창포물로 머리 감고, 그네뛰기, 씨름을 해요.

- 칠석(음력 7월 7일) 직녀와 견우가 오작교에서 만난다는 전설이 있어요.

- 백중날(음력 7월 15일) 보름 명절 중 하나로 농민들이 한데 모여 농사의 수고와 풍년을 기원해요.

- 추석(음력 8월 15일) 한가위라고도 해요. 조상들께 감사하는 마음을 가지고 햅쌀과 햇과일로 차례를 지내고 성묘를 해요. 씨름을 하고 송편을 먹어요.

- 중양절(음력 9월 9일) 강남에서 온 제비가 돌아가는 날이에요. 국화전과 국화만두, 국화주를 즐겨 먹어요.